escola - skoro	2
viatge - koiri	5
transport - transport	8
ciutat - foto	10
paisatge - landschap	14
restaurant - restaurant	17
supermercat - wenkri	20
begudes - dringi	22
menjar - nyan	23
granja - burugron	27
casa - oso	31
sala d'estar - foroisi	33
cuina - botrali	35
bany - was oso	38
cambra de nen - pikin kamra	42
roba - krosi	44
oficina - kantoro	49
economia - ekonomia	51
oficis - kari	53
eines - wrokosani	56
instrument de música - poku sani	57
zoo - meti dyari	59
esports - sport	62
activitats - aktifiteit	63
família - famiri	67
cos - skin	68
hospital - ati oso	72
urgència - nowtu	76
terra - grontapu	77
rellotge - oloisi	79
setmana - wiki	80
any - yari	81
formes - form	83
colors - kloru	84
oposats - difrenti	85
nombres - nomru	88
llengües - den tongo	90
qui / què / com - suma / sang / fa	91
on - pe	92

Impressum
Verlag: BABADADA GmbH, Nedderfeld 112 , 22529 Hamburg
Geschäftsführer / Verlagsleitung: Harald Hof
Druck: Books on Demand GmbH, In de Tarpen 42, 22848 Norderstedt

Imprint
Publisher: BABADADA GmbH, Nedderfeld 112 , 22529 Hamburg, Germany
Managing Director / Publishing direction: Harald Hof
Print: Books on Demand GmbH, In de Tarpen 42, 22848 Norderstedt

escola
skoro

dividir / prati

186/2

tauler / bord

classe / klas

pati (de l'escola) / skoro dyari

professor / leriman

paper / papira

escriure / skrifi

estilogràfica / pen

escriptori / tafra

regle / lati

llibre / buku

estudiant / studenti

bossa
skorotas

estoig
kisi

llapis
skriftiki

maquineta de fer punta
srapu

goma
sisibi

bloc de dibuix
prenki buku

escola - skoro

dibuix
prenki

pinzell
kwasi

capsa de pintures
ferfidosu

tisores
sisei

cola
gomma

quadern d'exercicis
skrifbuku

deures
skorowroko

nombre
nomru

afegir
teri

sostreure
koti

multiplicar
vermenigvuldig

calcular
teri

lletra
brifi

alfabet
alfabet

mot
wortu

escola - skoro

text awortu	llegir lesi	guix kreiti
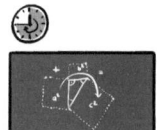	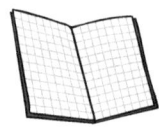	
lliçó yuru	llibre de classe klasbuku	examen examen

certificat skoropapira	uniforme escolar sem skoro krosi	formació skoro

enciclopèdia encyklopedie	universitat unifersiteit	microscopi mikroskoop
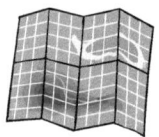		
mapa karta	paperera doti embre	

escola - skoro

viatge
koiri

hotel
hotel

alberg
hostel

oficina de canvi
kenki kantoro

maleta
kofru

automòbil
wagi

llengua
tongo

sí / no
ai / no

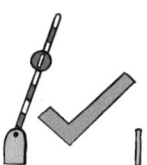

D'acord
afen

Ey!
Ei!

traductora
torku

gràcies
Grantangi

viatge - koiri

Quant costa... ?
O meni...?

No entenc
Mi ne ferstan

problema
problema

Bona nit!
Kuneti!

bon dia!
Morgu!

bona nit!
Kuneti!

fins aviat
Adyosi!

direcció
beni

bagatge
bagasi

bossa
tas

sarrona
tas

convidat
fisiti

cambra
kamra

sac de dormir
sribi saka

tenda
tenti

viatge - koiri

oficina de turisme

reiskantoro

platja

sekanti

carta de crèdit

kreditkarta

esmorzar

mamanten nyanyan

dinar

nyanyan

sopar

nyanyan

bitllet

karta

ascensor

lift

segell

stampu

frontera

lanki

duana

douane

ambaixada

ambassade

visat

fisa

passaport

pasportu

viatge - koiri

transport
transport

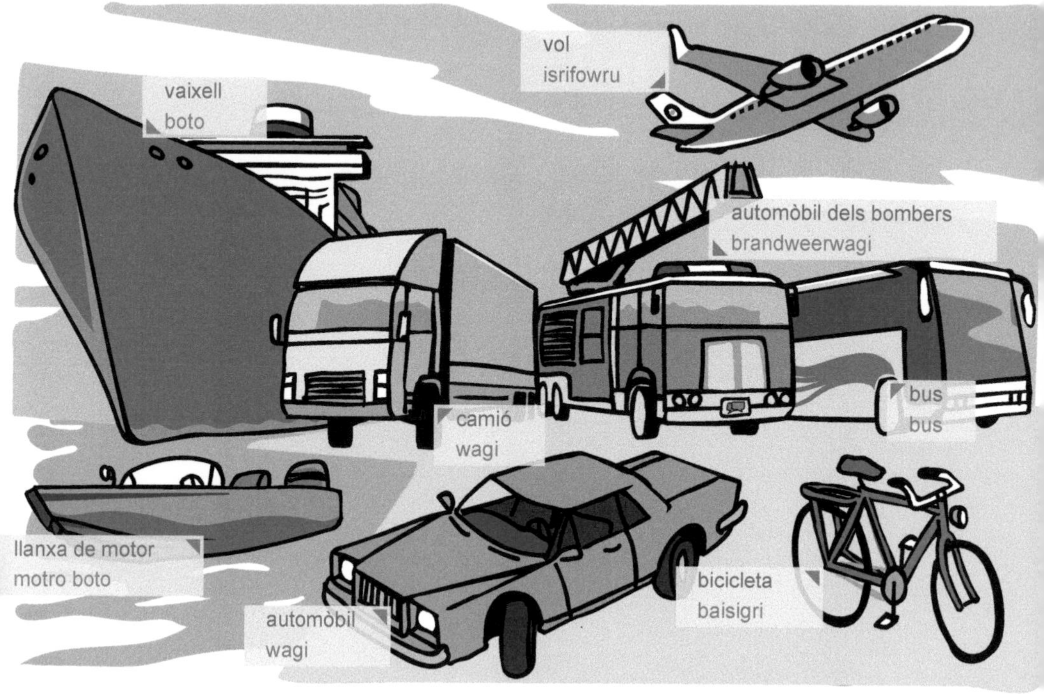

vol
isrifowru

vaixell
boto

automòbil dels bombers
brandweerwagi

camió
wagi

bus
bus

llanxa de motor
motro boto

bicicleta
baisigri

automòbil
wagi

transbordador
pondo

barca
boto

moto
motro

automòbil de policia
skowtu wagi

automòbil de curses
streilon wagi

automòbil de lloguer
yuru wagi

vehicle compartit

wagi prati

grua

takelwagi

camió de les escombraries

doti wagi

motor

motro

benzina

oli

benzineria

oli pompu

senyal de trànsit

ferkeermarki

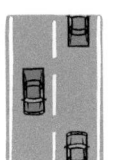

trànsit

ferkeer

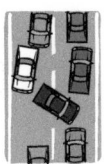

embús

reylo

aparcament

parkeerpresi

estació de trens

lokopresi

vies

rail

tren

loko

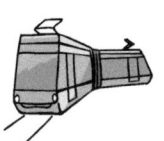

tramvia

loko

vagó

wagi

transport - transport

helicòpter
helikopter

aeroport
opolangi

torre
fortresi

passatger
pasasir

contenidor
kontainer

capsa de cartó
doso

carretó
wagi

cistella
baskita

enlairar-se / aterrar
opo go / saka

ciutat
foto

poble
dorpu

centre de la ciutat
fotosei

casa
oso

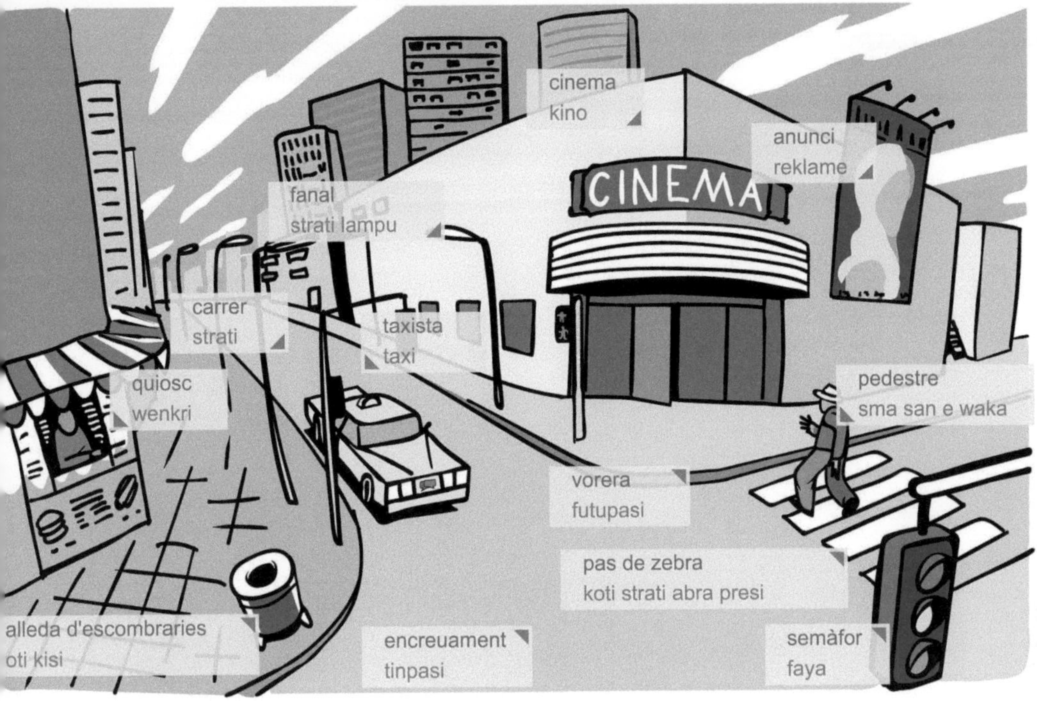

cinema
kino

anunci
reklame

fanal
strati lampu

carrer
strati

taxista
taxi

quiosc
wenkri

pedestre
sma san e waka

vorera
futupasi

pas de zebra
koti strati abra presi

alleda d'escombraries
oti kisi

encreuament
tinpasi

semàfor
faya

cabana
kampu

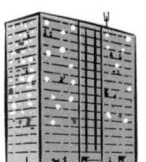

apartament
oso

estació de trens
lokopresi

casa de la vila-ciutat
foto oso

museu
museum

escola
skoro

ciutat - foto

universitat
unifersiteit

banca
bangi

hospital
ati oso

hotel
hotel

farmàcia
apteiki

oficina
kantoro

llibreria
buku winkri

botiga
wenkri

floristeria
bromki winkri

supermercat
wenkri

mercat
wowoyo

gran magatzem
wowoyo

peixateria
fisi seri man

centre comercial
bigi wenkri

port
lanpresi

parc
park

banc
bangi

pont
broki

escala
trapu

metro
fatyawagi

túnel
ondrogron-strati

parada d'autobús
bushalte

bar
bar

restaurant
restaurant

bústia de correu
brifibus

senyal indicador
strati nen marki

parquímetre
parkeer marki

zoo
meti dyari

piscina
swen presi

mesquita
gado-oso

ciutat - foto

granja
burugron

pol·lució
doti sani

cementiri
berpe

església
kerki

parc infantil
prei presi

temple
gado-oso

paisatge
landschap

- fulla / wiwiri
- cartell indicador / pasi marki
- camí / pasi
- prat / wei
- pedra / ston
- arbre / bon
- excursionista / koiri sma
- riu / libi
- gespa / grasi
- flor / bromki

paisatge - landschap

vall	muntanya	llac
lagi presi	lebriki	fisi-olo
	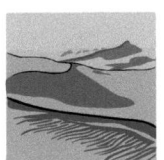	
bosc	desert	volcà
busi	dreisabana	bergi

castell	arc de Sant Martí	bolet
ridder-oso	alenbo	todoprasoro

palmera	moscard	mosca
palmbon	maskita	freifrei

formiga	abella	aranya
mira	waswasi	anansi

paisatge - landschap

escarabat
asege

granota
todo

esquirol
bonboni

eriçó
agidya

llebre
kon koni

òliba
owru kuku

ocell
fowru

cigne
gansi

senglar
werder agu

cervo
dia

ant
dia

presa
dan

turbina
winti miri

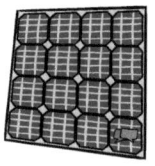
panell solar
son planga

clima
weer

paisatge - landschap

restaurant
restaurant

- cambrer / diniman
- menú / nyankarta
- cadira / sturu
- pizza / pissa
- sopa / supu
- coberts / nefi nanga forku
- tovalla / tafra duku

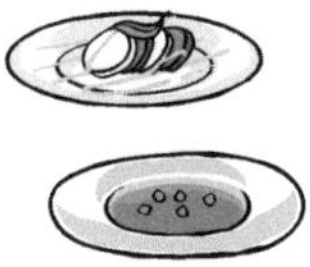

primer plat
fesi nyanyan

plat principal
moro prenspari sortu nyan

darreries
switi sani

begudes
dringi

menjar
nyan

ampolla
batra

restaurant - restaurant

menjar ràpid
fastfood

menjar de carrer
strati nyanyan

tetera
tépatu

sucrer
sukru patu

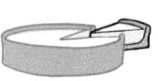
porció
krab'patu

màquina d'espresso
espressomasyin

trona
pikin sturu

factura
borgu

plata
brakri

ganivet
nefi

forqueta
forku

cullera
spun

cullereta
téspun

tovalló
servet

got
grasi

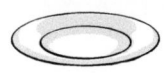
plat
preti

plat de sopa
supu preti

plateret
skotriki

salsa
sowsu

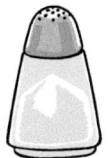
saler
sowtupatu

molinet de pebre
pepre miri

vinagre
asin

oli
oli

espècies
specerij

quètxup
ketchup

mostassa
mosterd

maionesa
mayonaise

restaurant - restaurant

supermercat

wenkri

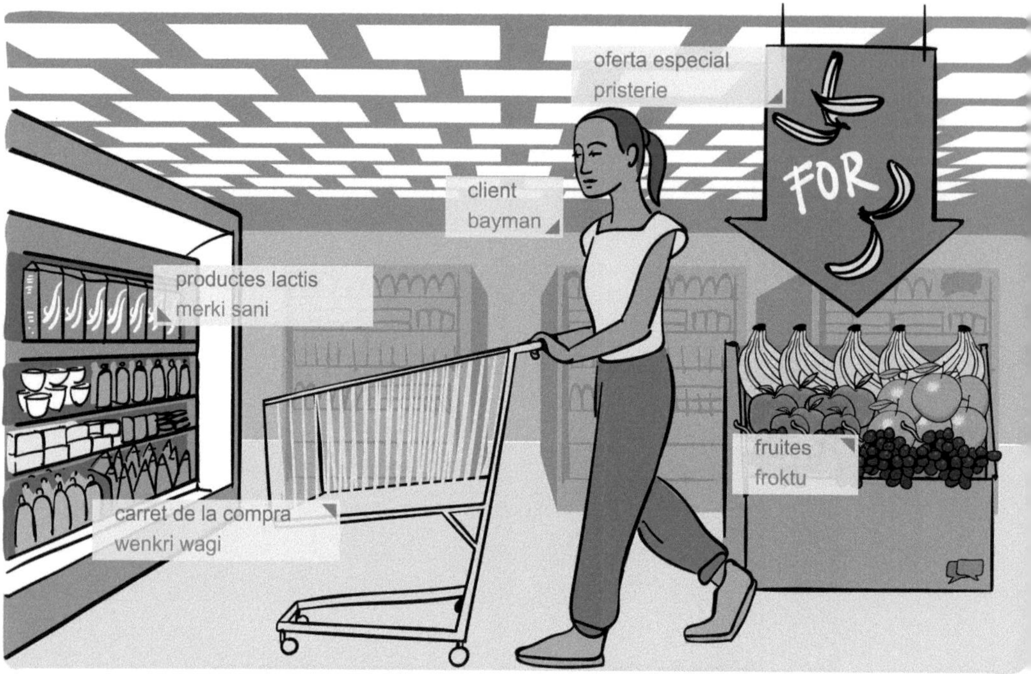

oferta especial
pristerie
FOR
client
bayman
productes lactis
merki sani
fruites
froktu
carret de la compra
wenkri wagi

BUTCHERS

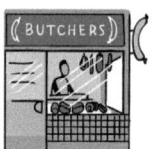

carnisseria

srakti-oso

BAKERY

forn de pa

bakri-oso

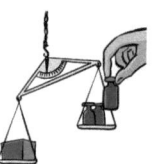

pesar

wegi

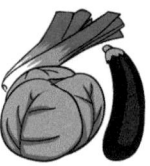

verdures

gruntu

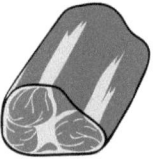

carn

meti

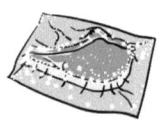

menjar congelat

dijskasi sani

carn freda
kowru meti

conserves
blik nyan

detergent en pols
wasi sani

dolços
switi sani

articles domèstics
oso sani

productes de neteja
sani fu krin

venedora
seri sma

caixa registradora
kas

caixera
kasman

llista de la compra
bai marki

horari d'obertura
opo yuru

portamonedes
portmoni

carta de crèdit
kreditkarta

bossa
tas

bossa de plàstic
plastik saka

supermercat - wenkri

begudes
dringi

aigua
watra

suc
sap

llet
merki

coca-cola
kola

vi
win

cervesa
biri

alcohol
sopi

cacau
skrati

te
té

cafè
kofi

espresso
espresso

cappuccino
kappuccino

menjar
nyan

banana
bakba

poma
apra

taronja
apresina

síndria
watramun

llimona
sitrun

pastanaga
rutu

all
konofroku

bambú
bambu

ceba
aiun

bolet
todoprasoro

avellanes
noto

fideus
pasta

espaguetis
spaghetti

arròs
alesi

amanida
salade

patates fregides
patata

patates fregides
baka patata

pizza
pissa

hamburguesa
burger

entrepà
brede

escalopa
schnitsel

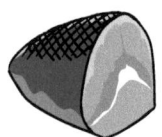

cuixot
ameti

salami
salami

salsitxa
worst

pollastre
kafowru

rostit
bakadina

peix
fisi

menjar - nyan

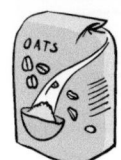

flocs de civada
hafermout

musli
muesli

cereals
karuflakes

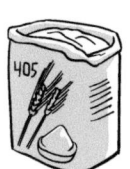

farina
blon lolo

croissant
croissant

panet
brede

pa
brede

torrada
baka brede

bescuits
buskutu

mantega
botro

mató
kwark

pastís
kuku

ou
eksi

ou fregit
baka eksi

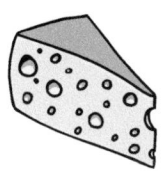

formatge
kasi

menjar - nyan

gelat
ice-cream

sucre
sukru

mel
oni

melmelada
jam

crema de xocolata
sukruskrati pasta

curri
kerrie

granja
burugron

granja
wroko gron presi

bala de palla
grasi bergi

graner
maksin

camp
gron

cavall
asi

remolc
aanhangwagi

poltre
pikin asi

tractor
traktor

ase
buriki

ovella
skapu

xai
pikin skapu

cabra

krabita

vaca

kaw

vedella

pikin kaw

porc

agu

garrí

pikin agu

bou

burkaw

oca
gansi

ànec
doksi

poll
pikin fowru

gall
fowru

gallina
kakafowru

rata
alata

gat
puspusi

ratolí
moismoisi

bou
burkaw

gos
dagu

gossera
dagu pen

mànega de regar
tuinslang

regadora
watra kan

dalla
nefi

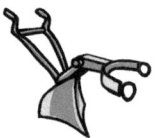

arada
pluga

falç
babun-nefi

aixada
tyapu

forca
forku

destral
beyri

carretó
kroiwagi

abeurador
baki

lletera
merki kan

sac
saka

tanca
skotu

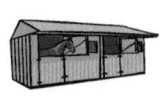

establa
pen

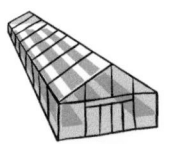

hivernacle
grun kasi

sòl
gron

llavor
siri

adob
doti

collidora
maaidorser

granja - burugron

collir
koti

collita
nyanyan

nyam
yami

blat
aleisi

soja
soja

patata
patata

blat de moro o d'indi
karu

colza
koro siri

arbre fruiter
froktu bon

mandioca
kasaba

cereals
siri

granja - burugron

casa
oso

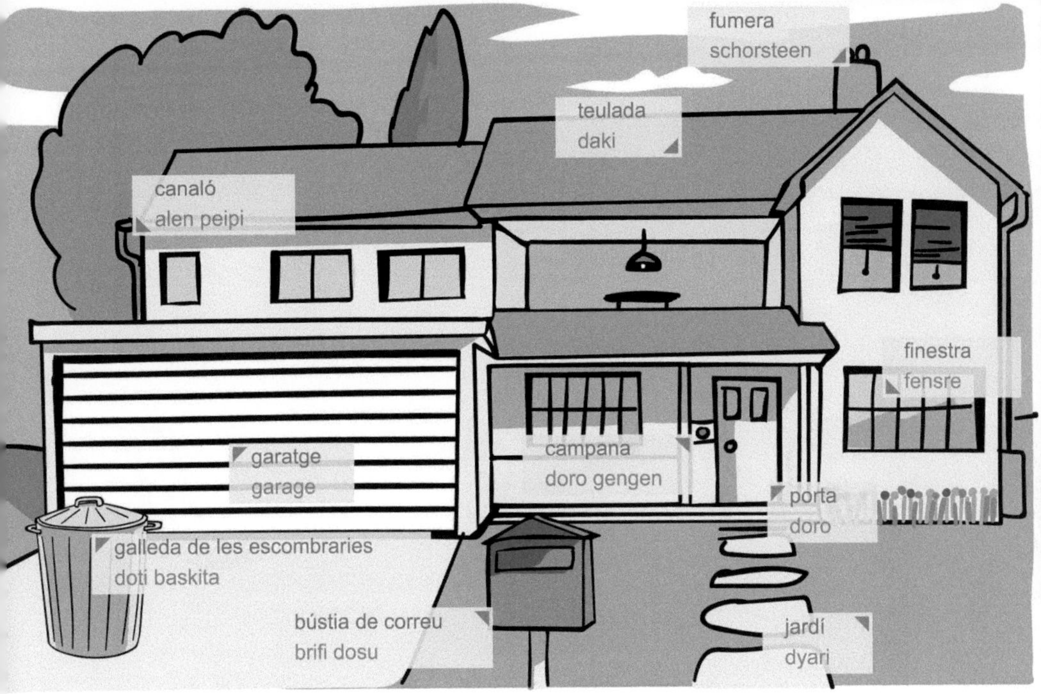

fumera / schorsteen

teulada / daki

canaló / alen peipi

finestra / fensre

garatge / garage

campana / doro gengen

porta / doro

galleda de les escombraries / doti baskita

bústia de correu / brifi dosu

jardí / dyari

sala d'estar
foroisi

bany
was oso

cuina
botrali

cambra de dormir
sribikamra

cambra de nen
pikin kamra

menjador
nyanyan kamra

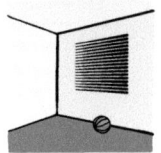

sòl
gron

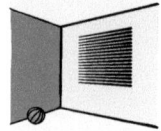

paret
skotu

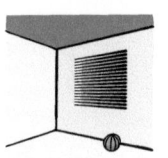

sostre
plafon

soterrani
kedre

sauna
sauna

balcó
barkon

terrassa
terras

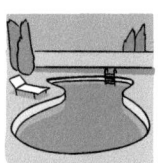

piscina
swen presi

tallagespa
waimasyin

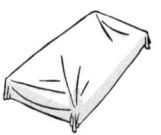

vànova
sribikrosi

cobrellit
sribikrosi

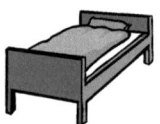

llit
bedi

escombra
sisibi

galleda
embre

interruptor
san fu leti faya

casa - oso

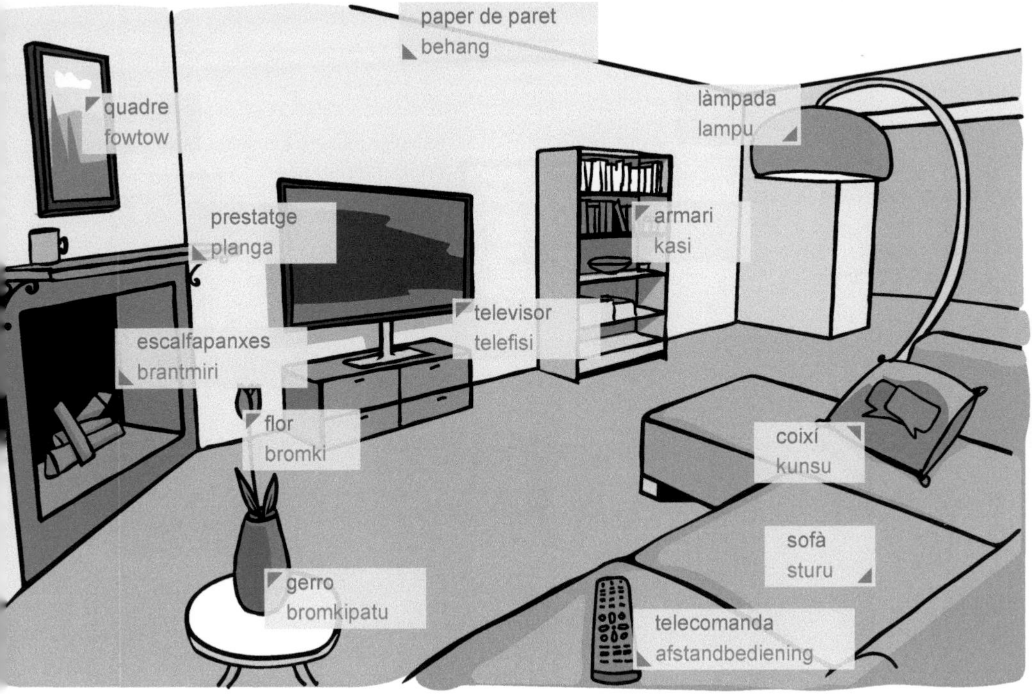

sala d'estar
foroisi

- paper de paret / behang
- quadre / fowtow
- làmpada / lampu
- prestatge / planga
- armari / kasi
- escalfapanxes / brantmiri
- televisor / telefisi
- flor / bromki
- coixí / kunsu
- gerro / bromkipatu
- sofà / sturu
- telecomanda / afstandbediening

catifa
matamata

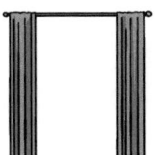

cortina
garden

taula
tafra

cadira
sturu

cadira gronxadora
boboisturu

cadiral
sturu

llibre
buku

llençol
tapun

decoració
pranpran

llenya
udu

film
kino

cadena de música
stereo- installatie

clau
sroto

diari
koranti

pintura
skedrei

cartell
poster

ràdio
konkrudosu

bloc de notes
skrifi buku

aspiradora
stofsuiger

cactus
kaktus

candela
kandra

sala d'estar - foroisi

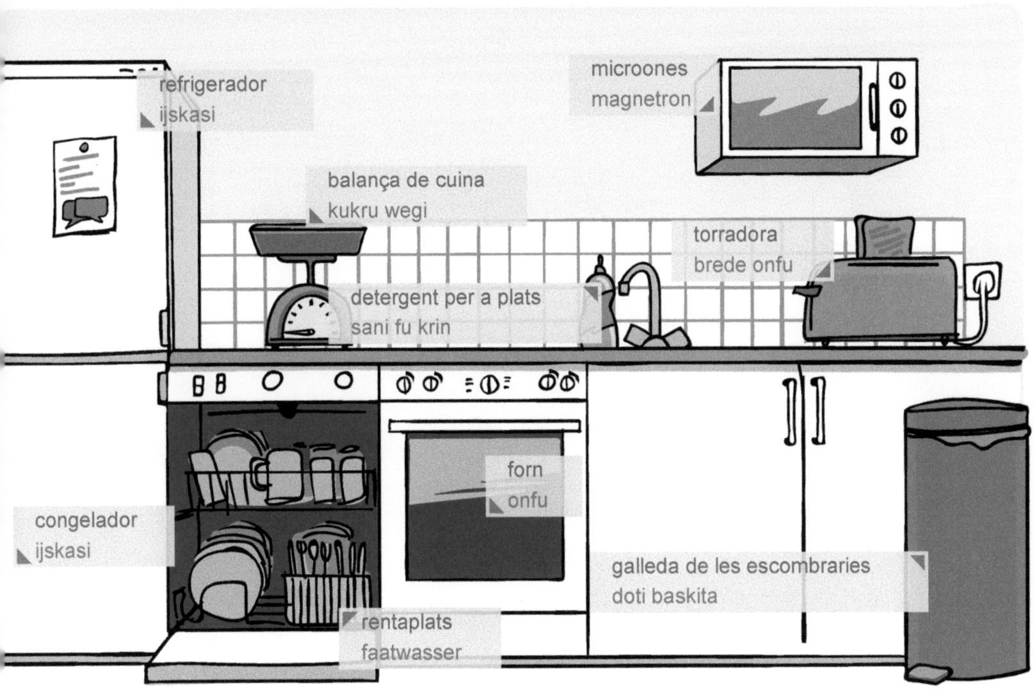

cuina
botrali

- refrigerador / ijskasi
- microones / magnetron
- balança de cuina / kukru wegi
- torradora / brede onfu
- detergent per a plats / sani fu krin
- forn / onfu
- congelador / ijskasi
- galleda de les escombraries / doti baskita
- rentaplats / faatwasser

cuina de fogons

onfu

olla

patu

olla de ferro colat

isri patu

wok / karahi

wok / kadai

paella

pan

bullidor

ketre

olla de vapor	plata de forn	vaixella
dampupatu	baka preti	tafra-sani

tassa grossa	bol	bastonets xinesos
kan	koba	nyantiki

culler	espàtula	batedor
supu spun	spatel	klutser

colador	sedàs	ratllador
fergiet	dorodoro	gritigriti

morter	barbacoa	foc a terra
mortier	barbakoto	faya presi

cuina - botrali

taula de tallar
koti planga

corró
blon lolo

llevataps
korkutreki

pot de conserva
tromu

obridor
knefi fu opo blik

agafador
patu duku

aigüera
wasibaki

raspall
bosro

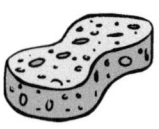

esponja
sponsu

batedora
blender

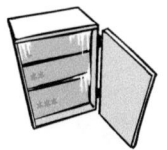

congelador
ijskasi

biberó
beibi batra

aixeta
kran

cuina - botrali

bany
was oso

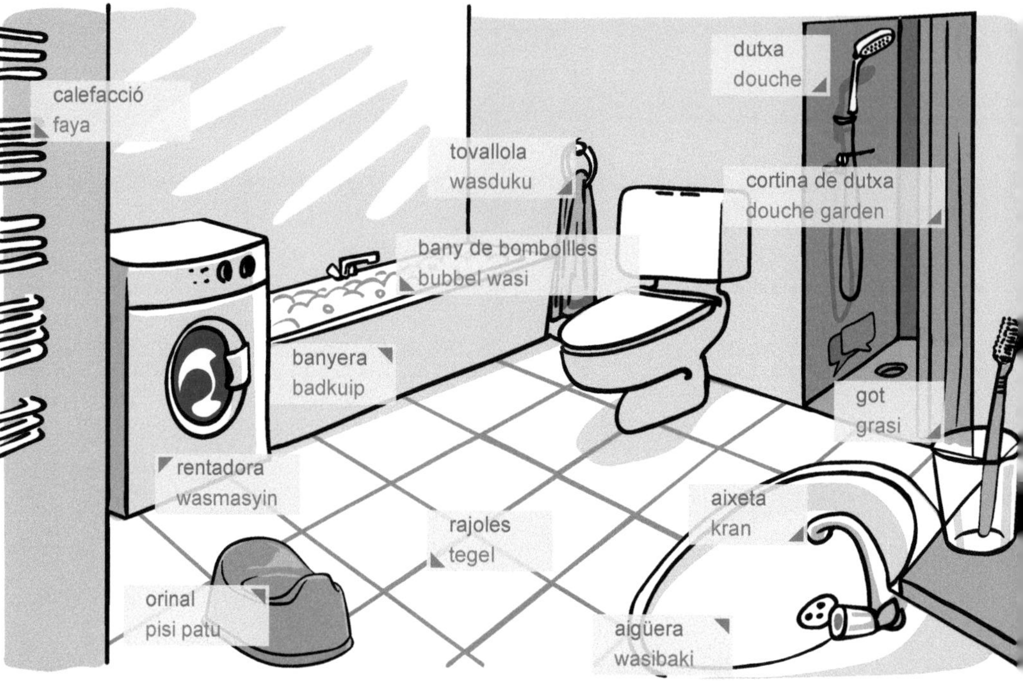

- calefacció / faya
- dutxa / douche
- tovallola / wasduku
- bany de bombolles / bubbel wasi
- cortina de dutxa / douche garden
- banyera / badkuip
- got / grasi
- rentadora / wasmasyin
- aixeta / kran
- orinal / pisi patu
- rajoles / tegel
- aigüera / wasibaki

lavabo
kumakoisi

lavabo turc
kumakoisi

bidet
bidet

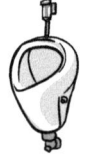

orinador
pisi presi

paper higiènic
kumakoisi papira

escombreta de sanitari
kumakoisi bosro

raspall de dents
tifi bosro

pasta de dents
tandpasta

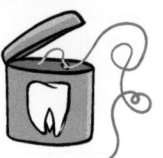

fil dental
floss

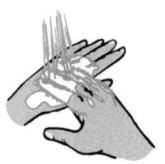

rentar
wasi

pom de dutxa
douche

dutxa íntima
kumakoisi douche

rentamans
was koba

raspall per a l'esquena
baka bosro

sabó
sopo

gel de dutxa
douchegel

xampú
sopo

manyopla de bany
was krosi

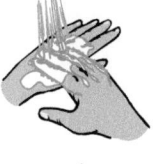

bonera
afvoer

crema
krème

desodorant
okselstik

bany - was oso

mirall
spikri

mirall-espill de mà
moimoi fu fesi spikri

maquineta de rasar
sebinefi

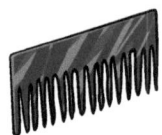

espuma de barbejar
sebiskuma

loció post-rasada
aftershave

pinta
kankan

raspall
bosro

eixugador
wiri drei masyin

laca
wirispray

maquillatge
moimoi fu fesi

pintallavis
lippenstift

esmalt d'ungles
nangra ferfi

cotó
katun

tallaungles
nangra sey

perfum
switi smeri

estoig de bellesa

tas gi krin sani

tamboret

kroku

bàscula

wegi

barnús

was dyaki

guants de goma

handschoen fu krin

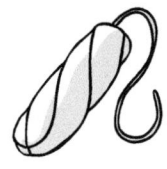

compresa higiènica

tampon

compresa

munduku

sanitari químic

kumakoisi

cambra de nen
pikin kamra

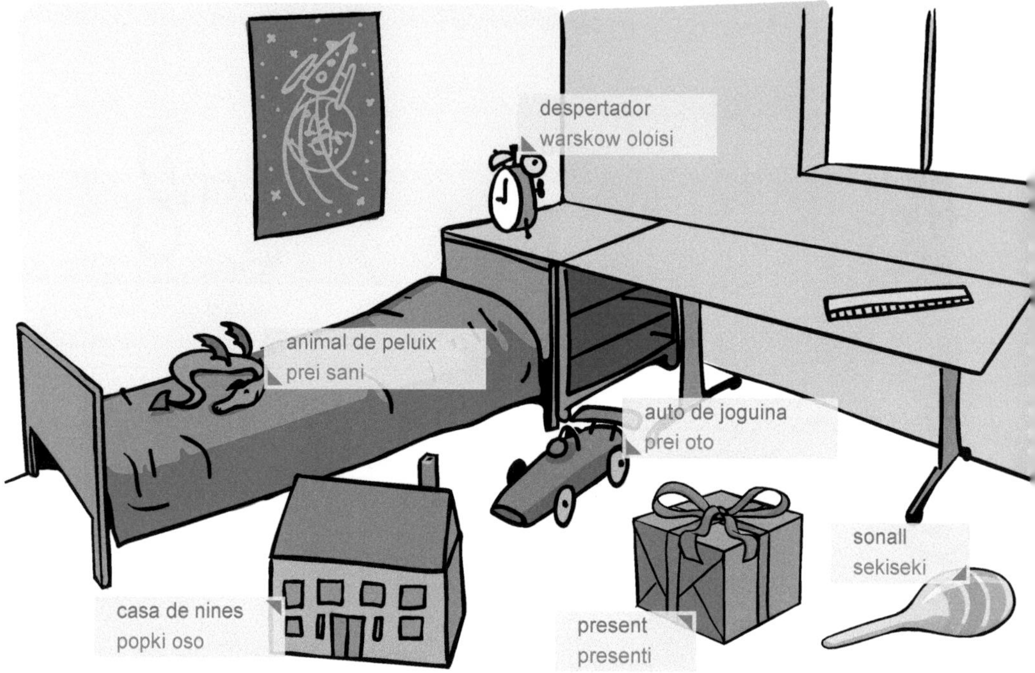
despertador
warskow oloisi
animal de peluix
prei sani
auto de joguina
prei oto
sonall
sekiseki
casa de nines
popki oso
present
presenti

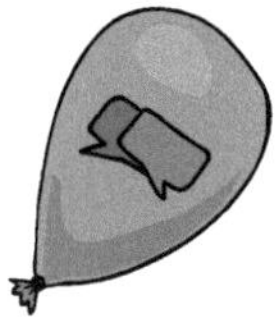

baló

ballon

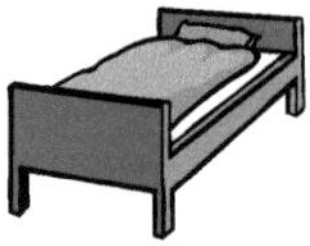

llit

bedi

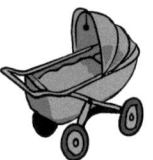

cotxet per a nens

beibiwagi

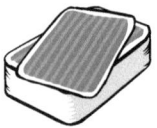

joc de cartes

paki karta

trencaclosca

laytori

SUPER
MEGA

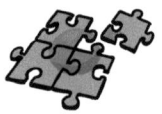

historieta

strip torie

peces de lego
lego ston

peces de construcció
prei sani

ninot d'acció
aktiefiguurtje

granota
beibikrosi

frisbee
frisbee

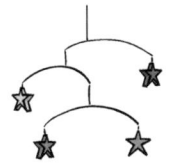
mòbil per a bressol
mobile

joc de taula
prei tapu bord

daus
prei ston

tren elèctric
prei sani loko

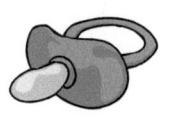
xumet
bobimofo

festa
fesa

llibre de dibuixos
prenki buku

pilota
bal

nina
popki

jugar
prei

cambra de nen - pikin kamra

sorrera
santi baki

gronxador
boboisturu

joguines
preisani

consola de jocs de vídeo
prei komputer

tricicle
baysigri

osset de peluix
prei sani

armari
krosi kasi

roba
krosi

mitjons
kowsu

mitges
kowsu

mitja pantaló
kowsu

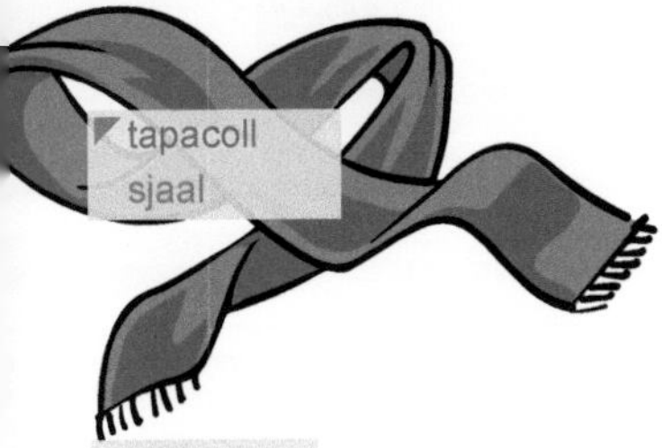

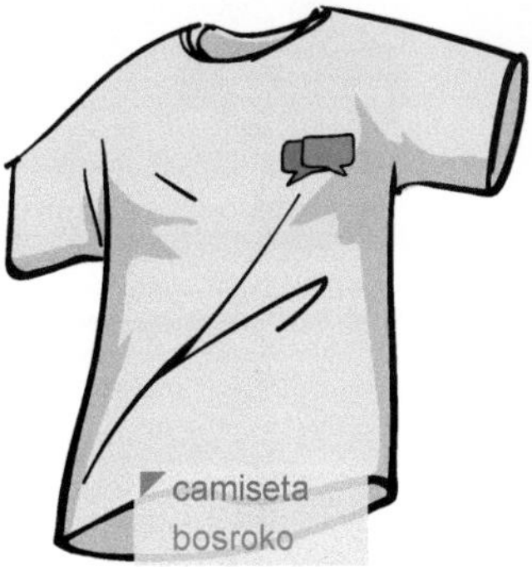

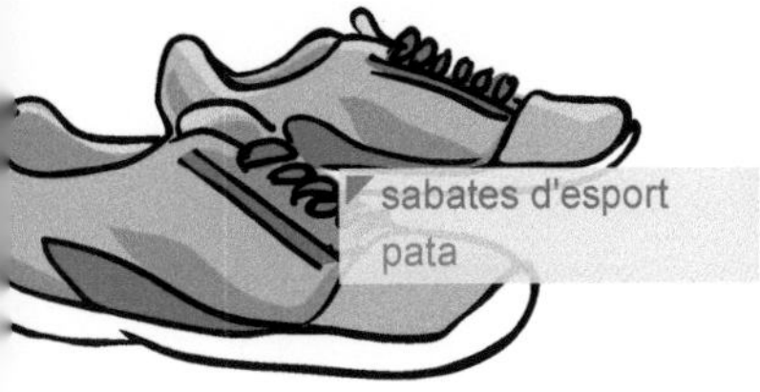

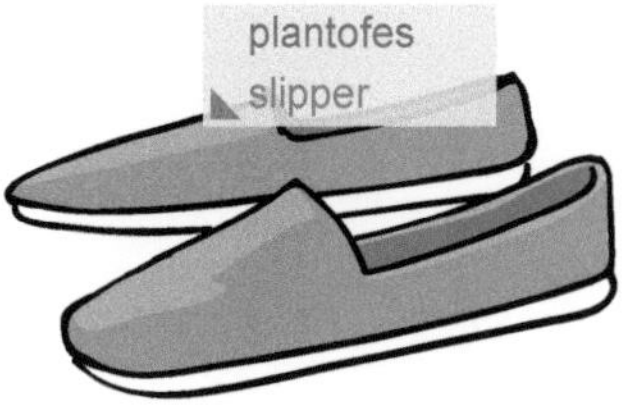

tapacoll
sjaal

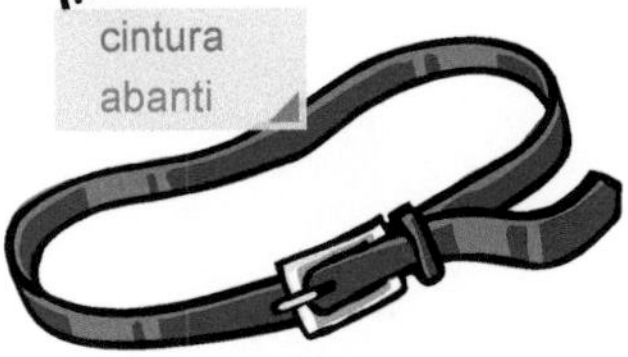

paraigua
prasoro

cintura
abanti

camiseta
bosroko

botes
buta

plantofes
slipper

sabates d'esport
pata

sandàlies

susu

sabates

susu

botes de goma

buta

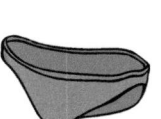

calçonets

jockey

sostenidor

bh

guardapits

kamsoro

roba - krosi

jjustacòs	pantalons	jeans
skin	bruku	jeansbruku

faldeta	brusa	camisa
koto	blus	empi

jersei	dessuadora	blazer
empi	dyaki	djakti

jaqueta	mantell	impermeable
dyakti	alendyakti	alendyakti

vestit de dona	vestit de dona	vestit de núvia
paki	yapon	trowyapon

vestit d'home
paki

camisa de dormir
sribikrosi

pijama
sribikrosi

sari
sari

mocador de cap
angisa

turbant
tulband

burca
burka

caftan
kaftan

abaia
abaya

vestit de bany
swenkrosi

calçon(et)s de bany
swenbruku

pantalons curts
syatu bruku

xandall
training paki

davantal
feskoki

guants
handschoen

roba - krosi

botó
knopo

ulleres
aygrasi

braçalet
anubuy

collaret
keti

anell
linga

orellera
yesilinga

casquet
ati

penjador
krosi anga

capell
ati

corbata
tay

cremallera
rits

casc
feti musu

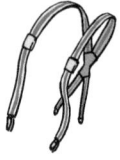

elàstics
bretel

uniforme escolar
sem skoro krosi

uniforme
sem krosi

roba - krosi

pitet
slabbetje

xumet
bobimofo

bolquer
pisiduku

oficina
kantoro

armari arxivador
archief kasi

servidor
server

paper
papira

impressora
printer

monitor
monitor

escriptori
tafra

ratolí
moisi

arxivador
map

teclat
keyboard

paperera
doti embre

ordinador
komputer

cadira
sturu

tassa de cafè
kofi kan

calculadora
kalkulator

Internet
internet

ordinador portàtil
laptop

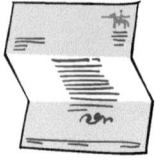
lletra
brifi

missatge
boskopu

mòbil
konkrutitei

xarxa
neti

fotocopiadora
kopi masyin

programari
software

telèfon
konkrutitei

presa de corrent
stopkontakt

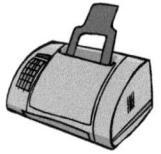
fax
fax masyin

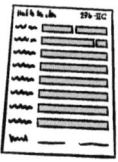
formulari
formulier

document
papira

oficina - kantoro

economia
ekonomia

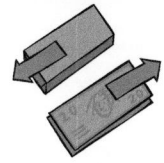
comprar
bai

pagar
pai

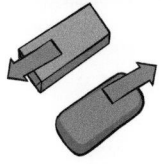
comerciar
du

diners
moni

dòlar
dollar

euro
euro

ien
yen

ruble
rubel

franc suís
frank

renminbi
renminbi yuan

rupia
rupie

caixa automàtica
monimasyin

oficina de canvi
kenki kantoro

or
gowtu

argent
solfru

petroli
oli

energia
krakti

preu
prijs

contracte
kontrakti

impost
lantimoni

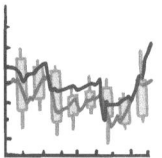
acció
pisi

treballar
wroko

treballador
wrokoman

empresari
wrokobasi

fàbrica
fabrik

botiga
wenkri

economia - ekonomia

oficis
kari

oficial de policia
skowtu

bomber
brandweerman

cuiner
boriman

doctora
datra

pilot
piloot

jardiner
djariman

fuster
temreman

costurera
modist

jutge
krutubasi

química
scheikunde sma

actor
akteur

conductor d'autobús	taxista	pescador
sjafeur	taximan	fisiman

dona de la neteja	ensostrador	cambrer
krinsma	dakitapu man	diniman

caçador	pintor	forner
ontiman	ferfiman	bakriman

electricista	obrer de la construcció	enginyer
elektrikman	bow-wroko man	ensjinoru

carnisser	llanterner	correu
sraktiman	loodgieter	postbode

oficis - kari

soldat
srudati

arquitecte
architekt

caixera
kasman

florista
bromkisma

perruquer
seti sma wiri man

revisor
kondukteur

mecànic
monteur

capità
kapten

dentista
tifidatra

científic
sabiman

rabí
Dyu domri

imam
Moslim domri

monjo
moniki

capellà
priester

oficis - kari

eines
wrokosani

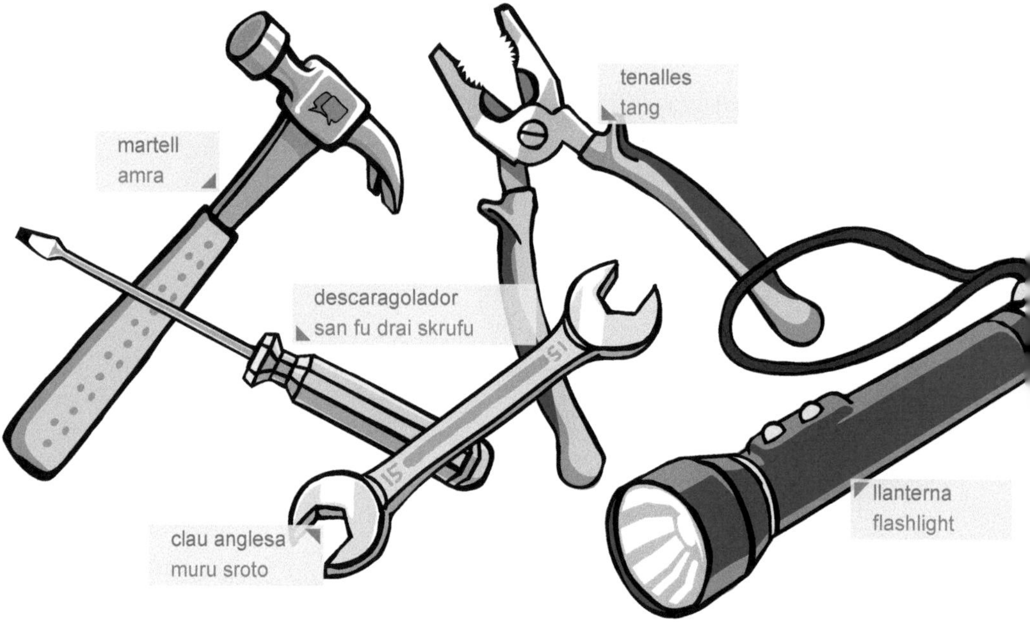

martell
amra

tenalles
tang

descaragolador
san fu drai skrufu

clau anglesa
muru sroto

llanterna
flashlight

excavadora
dikimasyin

caixa d'eines
wrokosani kisi

escala
trapu

serra
sa

claus
spikri

trepant
boro

reparar
meki

pala
skepi

Maleït siga!
Baya!

pala
stofblik

pot de pintura
ferfi patu

caragols
skrufu

instrument de música
poku sani

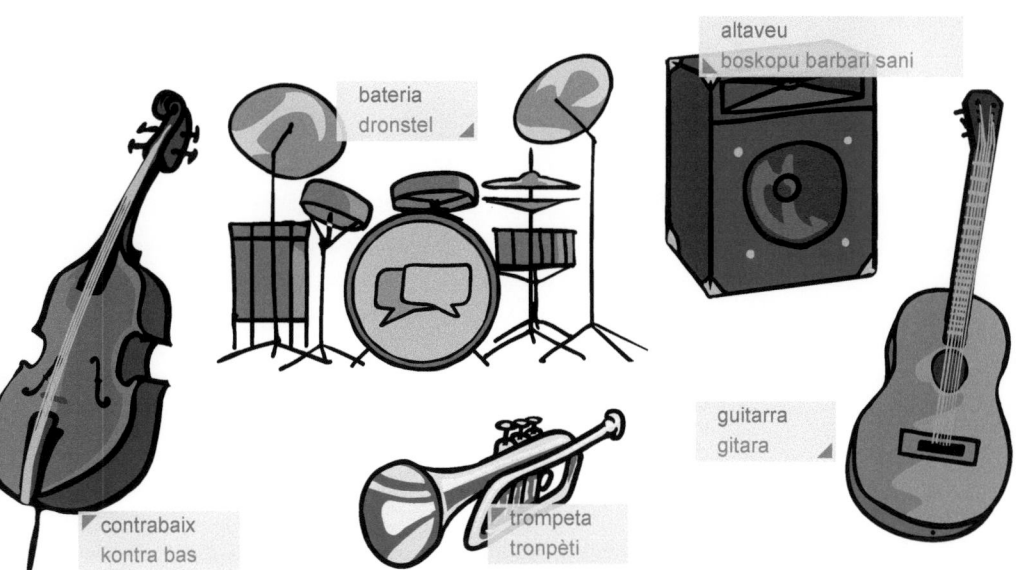

contrabaix
kontra bas

bateria
dronstel

trompeta
tronpèti

altaveu
boskopu barbari sani

guitarra
gitara

piano
piano

violí
finyoro

baix
bas

timbal
pauk

tambor
dron

teclat
keyboard

saxofon
saxofon

flauta
froiti

micròfon
mikrofon

zoo
meti dyari

- entrada / mofodoro
- tigre / tigri
- gàbia / pen
- zebra / sabanaburiki
- aliment per a animals / meti nyan
- ós panda / panda

animals
meti

elefant
asaw

cangurú
kangeru

rinoceront
neushoorn

goril·la
gorilla

ós
beer

camell
kameri

estruç
stroisifowru

lleó
lew

simi
monki

flamenc
korikori

papagai
popokai

ós polar
ijsbeer

pingüí
pinguïn

ca mari
sarki

paó
prodokaka

serp
sneki

cocodril
kaiman

guardià del zoo
sma san e sorgu meti

foca
sedagu

jaguar
penitigri

poni pikin asi	lleopard penitigri	hipopòtam watrabofru

girafa giraf	àliga aka	senglar werder agu

peix fisi	tortuga sekrepatu	morsa walrus

guineu sabanadagu	gasela dia	

esports
sport

activitats
aktifiteit

- saltar / jompo
- riure / lafu
- abraçar / brasa
- anar / waka
- cantar / singi
- pregar / begi
- fer un petó / bosi
- somiar / dren

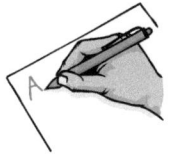

escriure
skrifi

dibuixar
hari

mostrar
sori

pitjar
pusu

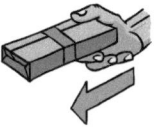

donar
gi

prendre
teki

tenir
abi

fer
dati

ésser
de

estar dret
tnapu

córrer
lon

estirar
hari

llançar
trowe

caure
fadon

jeure
lei

esperar
wakti

portar
tyari

asseure's
sidon

vestir-se
weri

dormir
sribi

despertar-se
wiki

activitats - aktifiteit

mirar
luku

plorar
krei

amoixar
korikori

pentinar
kan

parlar
taki

comprendre
ferstan

demanar
aksi

escoltar
arki

beure
dringi

menjar
nyanyan

endreçar
krin

estimar
lobi

cuinar
bori

conduir
rei

volar
frei

navegar
seiri

calcular
teri

llegir
lesi

aprendre
leri

treballar
wroko

casar-se
trow

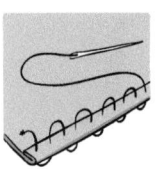
cosir
nai

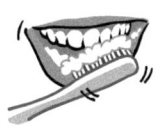
raspallar-se les dents
krintifi

matar
kiri

fumar
smoko

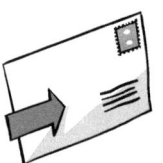
enviar
seni

activitats - aktifiteit

família
famiri

- àvia / granmama
- avi / granpapa
- pare / papa
- mare / mama
- nadó / beibi
- filla / umapikin
- fill / manpikin

convidat
fisiti

tia
tanta

oncle
omu

germà
brada

germana
sisa

cos
skin

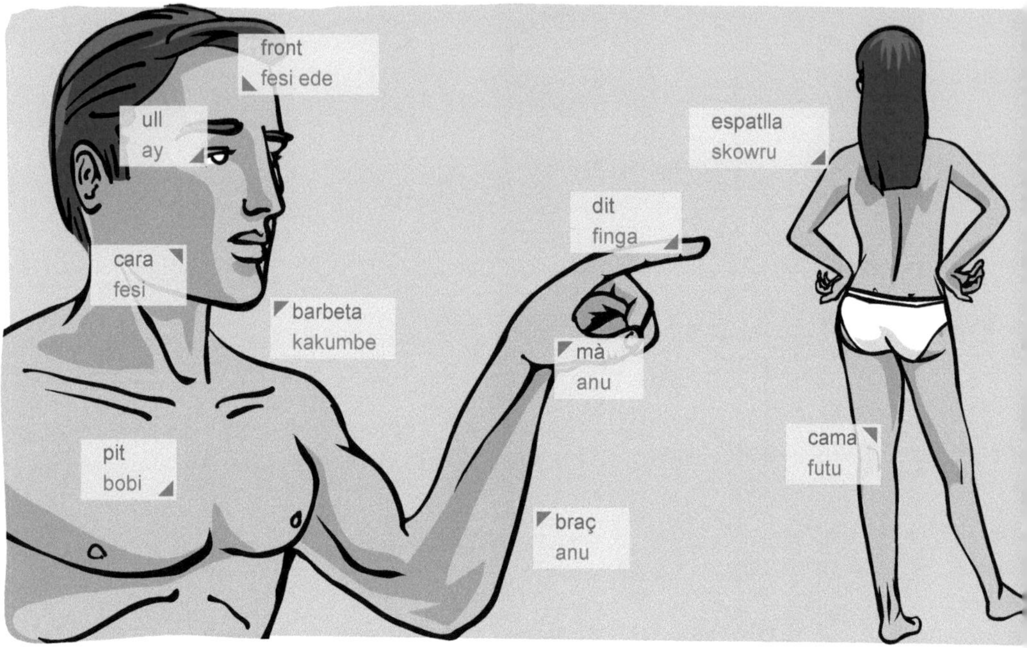

Body diagram labels:
- front / fesi ede
- ull / ay
- cara / fesi
- barbeta / kakumbe
- espatlla / skowru
- dit / finga
- mà / anu
- pit / bobi
- cama / futu
- braç / anu

nadó
beibi

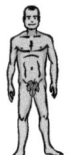

home
man

dona
uma

noia
uma pikin

noi
boi

cap
ede

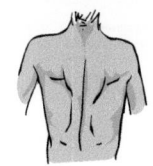

esquena
baka

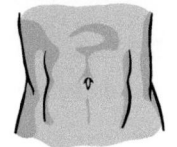

panxa
bere

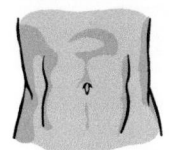

melic
kumba

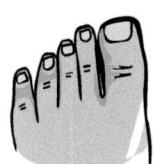

dit gros del peu
futufinga

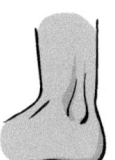

taló
bakafutu

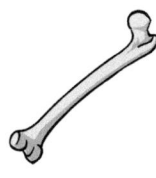

os
bonyo

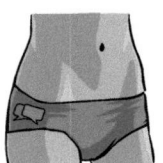

maluc
djonku

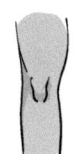

genoll
kindi

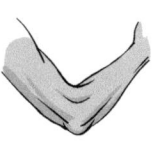

colze
baka anu

nas
noso

cul
bakasei

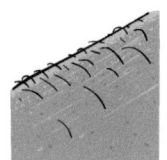

pell
skin

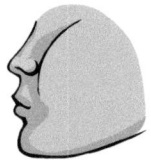

galta
seifesi

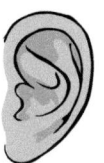

orella
yesi

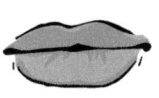

llavi
mofobuba

boca
mofo

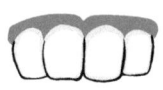
dent
tifi

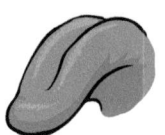
llengua
tongo

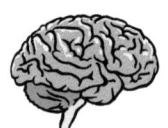
cervell
ede tonton

cor
ati

múscul
titei

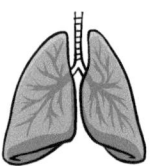
pulmó
fokofoko

fetge
lefre

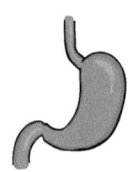
estómac
bere

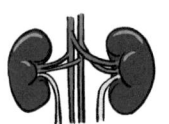
ronyó
niri

relació sexual
freiri

preservatiu
pipikowsu

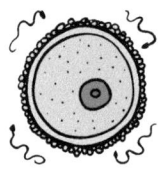
ovari
eksi

semen
siri

prenyat
bere

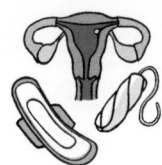

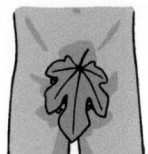

menstruació | vagina | penis
munsiki | umapresi | toli

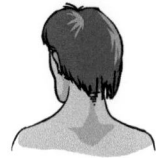

cella | cabells | coll
atapu-ay-wiwiri | wiwiri | neki

hospital
ati oso

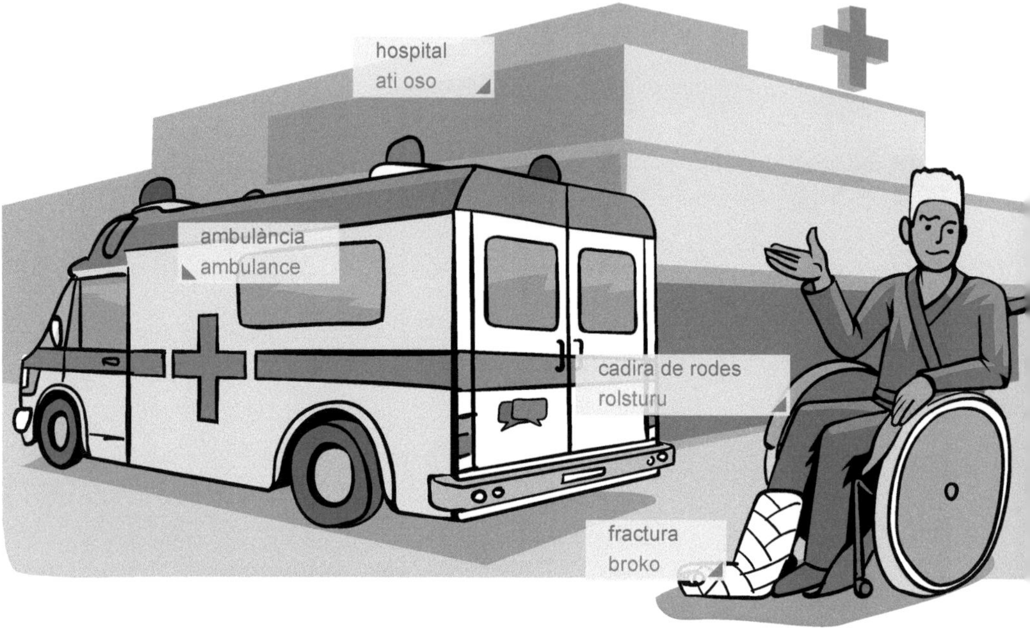

doctora
datra

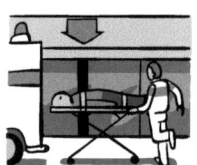
sala d'urgències
EHBO

infermera
suster

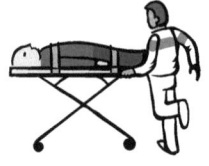
urgència
nowtu

inconscient
flaw

dolor
pen

ferida
soro

sagnament
brudu

atac de cor
ati siki

apoplexia
bururtu

al·lèrgia
trefu

tos
koso

febre
kortsu

gripa
griep

diarrea
lusu bere

mal de cap
ede-ati

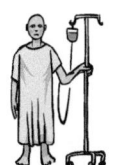

càncer
takrusiki

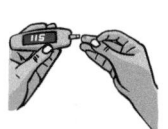

diabetis
sukru

cirurgià
chirurg

escalpel
skalpel

operació
operâsi

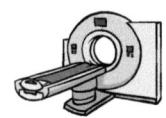
tomografia computada (TC), TAC
CT

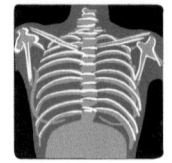
raigs x
röntgen

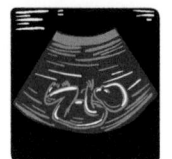
ultrasò
echo

mascareta
fesi maskradu

malaltia
siki

sala d'espera
wakti kamra

crossa
kroku

tireta
duku

embenat
duku

injecció
spoiti

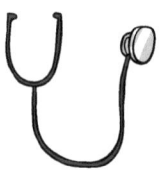
estetoscopi
stethoskoop

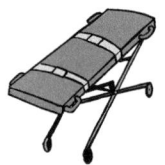
llitera
brandkard

termòmetre clínic
temperatuur marki

pariment
gebore

sobrepès
fatu

hospital - ati oso

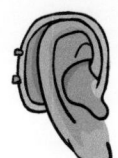
aparell auditiu
masyin fu yere

desinfectant
sani fu krin

infecció
dyomposiki

virus
firus

VIH / SIDA
HIV / AIDS

medicina
dresi

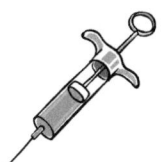
vaccí
faksinasi

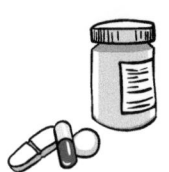
comprimits
perki

píl·lola
perki

trucada d'urgència
nowtu nomru

tensiòmetre
brudu marki

malalt / sà
siki / gesontu

hospital - ati oso

urgència
nowtu

Socors! Yepi!	alarma warskow	assalt feti
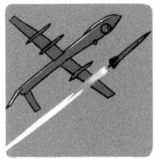		
atac feti	perill ogri	sortida-eixida d'urgència a nowtu doro

Foc! Faya!	extintor fayakiri sani	accident mankeri

farmaciola de primers auxilis EHBO-kofru	SOS SOS	policia skowtu

terra

grontapu

Europa
Bakrakondre

Amèrica del Nord
Opo-Amerkan

Amèrica del Sud
Suid-Amerkan

Àfrica
Afrika

Àsia
Asi

Austràlia
Australia

Atlàntic
Atlantis Se

Pacífic
Tan tiri Se

Oceà Índic
Indisch Se

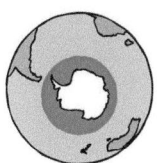
Oceà Antàrtic
Suidsei Se

Oceà Àrtic
Noordsei Se

pol nord
Noordsei

pol sud
Suidsei

Antàrtida
Antartika

terra
grontapu

país
kondre

mar
se

illa
eilanti

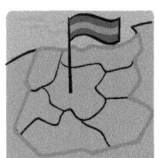

nació
nâsi

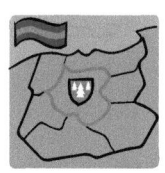

estat
lanti

rellotge
oloisi

quadrant

oloisi fesi

agulla de les hores

yuru sori

agulla dels minuts

miniti sori

agulla dels segons

sekonde sori

Quina hora és?

O lati a de?

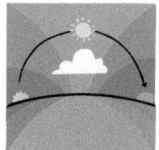

dia

dey

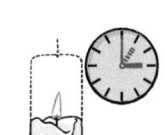

temps

ten

ara

now

rellotge digital

oloisi

minut

miniti

hora

yuru

setmana
wiki

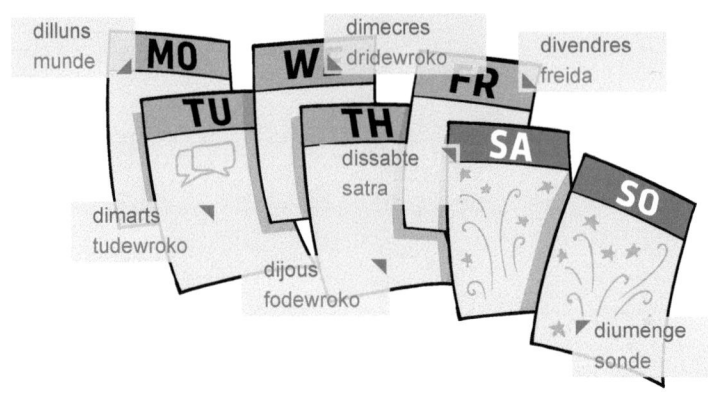

dilluns / munde
dimarts / tudewroko
dimecres / dridewroko
dijous / fodewroko
divendres / freida
dissabte / satra
diumenge / sonde

ahir
esde

avui
tide

demà
tamara

matí
mamanten

migdia
bakadina

tarda
neti

dia feiner
den wrokodei

cap de setmana
weekend

any

yari

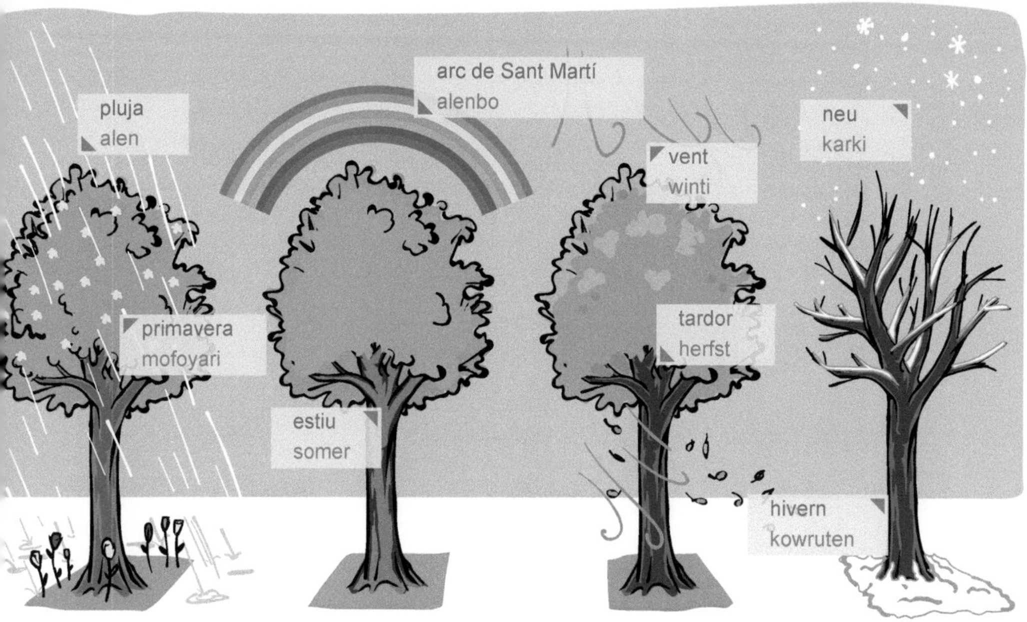

arc de Sant Martí
alenbo
pluja
alen
neu
karki
vent
winti
primavera
mofoyari
tardor
herfst
estiu
somer
hivern
kowruten

4.APRIL 11°
5.APRIL 4°
6.APRIL 13°
7.APRIL 8°
8.APRIL 10°

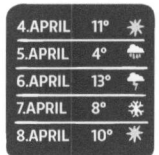

pronòstic del temps

taki fu a weer

F C
120 90 60 30 0 -30
40 30 20 10 0 -10 -20

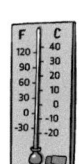

termòmetre

thermometer

llum del sol

skèin fu a son

núvol

wolku

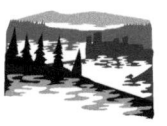

boira

dow

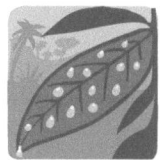

humiditat de l'aire

loktu foktu

llamp
faya

tro
dondru

tempesta
sekiwatra

calamarsa
agra

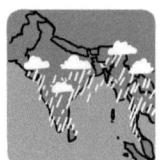

monsó
bigi skwala

inundació
frudu

gel
èisi

gener
januari

febrer
februari

març
maart

abril
april

maig
mei

juny
juni

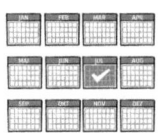

juliol
juli

agost
augustus

any - yari

setembre
september

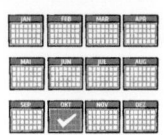
octubre
oktober

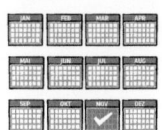
novembre
nofember

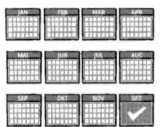
desembre
december

formes
form

cercle
lontu

quadrat
fokanti

rectangle
fokanti naga langa sei

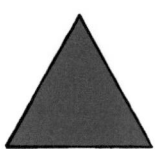
triangle
dri-uku

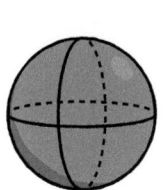
esfera
lontu

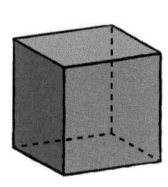
cub
kubus

colors
kloru

blanc
witi

groc
geri

taronja
alanya

rosa
ròs

vermell
redi

lila
lila

blau
blaw

verd
grun

marró
broin

gris
grei

negre
blaka

oposats
difrenti

molt / poc
tumsi / wanwan

emprenyat / tranquil
atibron / tiri

bonic / lleig
moi / takru

començament / fi
begin / kba

gran / petit
bigi / ptyin

clar / fosc
lekti / dungru

germà / germana
brada / sisa

net / brut
krin / doti

complet / incomplet
krinkrin / no bun nofo

dia / nit
dei / neti

mort / viu
dede / libi

ample / estret
bradi / smara

comestible / immenjable

kan nyan / no kan nyan

dolent / amable

takru / bun

entusiasmat / entediat

prisiri / ferferi

gros / prim

fatu / fini

primer / darrer

fosi / lasti

amic / enemic

mati / feyanti

ple / buit

furu / leigi

dur / tou

tranga / safu

pesant / lleuger

hebi / lekti

gana / set

angri / dreineki

malalt / sà

siki / gesontu

il·legal / legal

no gi pasi / tru

intel·ligent / ximple

koni / don

esquerra / dreta

kruktu / leti

prop / llunyà

gi / fara

nou / usat
nyun / owru

res / quelcom
noti / wan sani

vell / jove
owru / jongu

encès / apagat
leti / tapu

obert / tancat
opo / tapu

silenciós / sorollós
safu / tranga

ric / pobre
gudu / poti

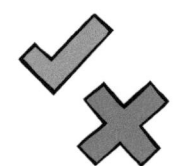
correcte / incorrecte
bun / fowtu

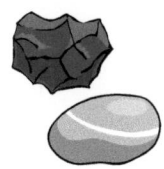
aspre / suau
grofu / grati

trist / content
sari / breiti

curt / llarg
shatu / langa

lent / ràpid
loli / esi-esi

humit / sec - eixut
nati / drei

calent / fred
warang / kowru

guerra / pau
feti / freide

oposats - difrenti

nombres
nomru

0
zero
noti

1
u
wan

2
dos
tu

3
tres
dri

4
quatre
fo

5
cinc
feifi

6
sis
siksi

7
set
seibi

8
vuit
aiti

9
nou
neigi

10
deu
tin

11
onze
erfu

12
dotze
twarfu

13
tretze
tin-na-dri

14
catorze
tin-na-fo

15
quinze
tin-na-feifi

16
setze
tin-na-siksi

17
disset
tin-na-seibi

18
divuit
tin-na-aiti

19
dinou
tin-na-neigi

20
vint
twenti

100
cent
hondru

1.000
mil
dusun

1.000.000
milió
milyun

nombres - nomru

llengües
den tongo

anglès
Ingristongo

anglès americà
Amerkan Ingristongo

xinès mandarí
Sneisi Mandarijntongo

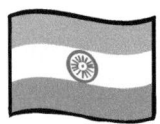
hindi
Hinditongo

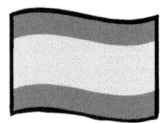
espanyol
Spanyoro

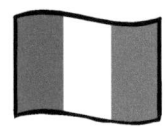
francès
Frans

àrab
Arabiatongo

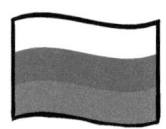
rus
Rusitongo

portuguès
Potogisi

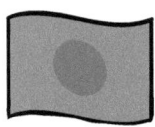
bengalí
Bengalitongo

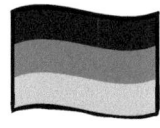
alemany
Doisritongo

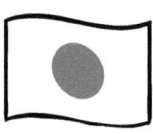
japonès
Japantongo

qui / què / com
suma / sang / fa

jo
mi

tu
yu

ell / ella / allò
en / en / en

nosaltres
unu

vosaltres
yu

ells
den

qui?
suma?

què?
san?

com?
fa?

on?
pe?

quan?
oten?

nom
nen

on
pe

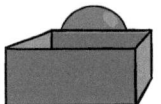
darrere
baka

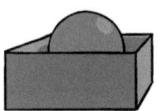
en
ini

davant de
fesi

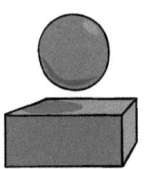
damunt
abra

sobre
tapu

sota
ondro

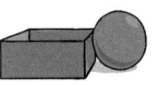
al costat
na sei

entre
mindri

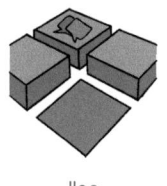
lloc
presi